屬靈偉人漫畫
漫畫戴德生傳
編繪者：非拉鐵非
封面美術：關錦珊，非拉鐵非
製作同工：非拉鐵非
責任編輯：梁偉民
設計及排版：梁細珍
出版及發行：天道書樓有限公司
中國香港九龍土瓜灣貴州街六號十樓
承印：利德豐印業有限公司
二○○一年二月初版
編號：TD 0713

Spiritual Heroes Comic
Comic Hudson Taylor
Compiler and Illustrator: Philadelphia
Cover Illustrator: Kam-shan Kwun, Philadelphia
Production Team: Philadelphia
Editor: Peter Wai-man Leung
Designer and Typesetter: Fion Sai-chun Leung
© 2001 by Po-shing Cheung
9th Fl., 6 Kwei Chow St., Tokwawan, Kowloon, Hong Kong, P.R.C.
http://www.tiendao.org.hk
e-mail : servant@tiendao.org.hk
Tien Dao Christian Media Association Inc.
10883-B S. Blaney Ave., Cupertino, CA 95014, U.S.A.
http://www.tiendao.org
1st Chinese edition, February 2001
Cat. No. : TD 0713
ISBN : 962-208-464-8

目錄

本漫畫中的造型純屬虛構，內容與情節則按戴德生
的後人所著的《戴德生傳》，盡量忠於原著編寫。

麥序

　　我從小就是「卡通迷」、「漫畫迷」、「連環圖畫迷」，為此被媽媽責罵、打手心、打屁股！若是把聖經人物故事或屬靈偉人故事，用「卡通」、「漫畫」、「連環圖畫」方式說明出來，該有極大的作用啊！

　　喜見《戴德生傳》出版，心中感讚不已！

麥希真
世界華福中心總幹事

柳序

　　四十四年前，我看了戴德生傳，對他一生的事蹟，很有感受：

一. 他為了主耶穌對他的呼召，往中國去傳福音，而放棄了一位心愛的女朋友，也可以說將會與他結婚的未婚妻，他對主的愛比人世間的愛更大。

二. 他肯過一個信心的生活，隨聖靈的感動將自己口袋中僅有的，幫助貧窮而有需要的人。後來神常供給戴氏各方面的需要。

三. 有一次他為了救一位跌落水的中國人，他願付錢請一國人漁夫救人，看出他的救人熱心，也反映我國人部份是多麼自私及無正義感。

　　後來當我為遠東廣播電台錄唱一些詩歌時，更喜歡戴先生的名詩：「假若我有1000條生命，我願為神的緣故，獻給中國人；假若我有1000鎊英鎊，也願用在中國人身上。」

　　他不看，也不計較中國人的自私……他乃是以神的愛，愛中國人。

　　如今戴德生先生的畫冊出版，這書必會激勵我們，特別是青少年愛主的心，從中更愛神愛人，現謹以至誠介紹此書。

柳鎮平
浸聯會中國事工主任

自序

　　戴先生的見證，相信很多基督徒已經聽聞及看過，且深受感動。我感謝神，讓我用漫畫表達戴先生的生平，為主為中國人的獻上，再從另一角度去感受當中無比的屬靈生命，及對主的完全信靠擺上。

　　願這部簡單的漫畫，使我們再一次深深體會到神的話，使我們對神有更深、更進步的認識和擺上。

編繪者序
九七年三月

「至於我，和我家，我們必定事奉耶和華。」

第一段 —
　　少年的爭戰
戴德生 1 - 21 歲

以色列中凡頭生的，無論是人是牲畜，都是我的，要分別為聖歸我。

出十三2

一對愛主的夫婦，跪在神聖主面前，把他們的至寶——頭生子完全奉獻給

耶和華

他——的寶貴生命從此便屬於主了

五月二十一日
戴德生出生了

這位禱告已久的嬰孩誕生於巴因斯力。

德生幼年聰明可愛。五歲那年，兩個弟弟先後離世歸主。大妹阿美麗雅跟他最為投契。

從小接受雙親良好教育，盡責、節制、順從，用錢謹慎等，均養成良好習慣。

父親常教他尊重神的話，對聖經要篤信不疑。

每日父親必定時懇切為子女禱告，並教他們禱告。

11歲入學，失去屬靈感染影響，以自己的喜好行事，拒絕神的呼召。

但15歲時，進入了一間銀行，同事們都愛慕奢華，鄙視信仰，影響德生也貪愛錢財享受。

13歲時有心向主，自己後來回顧，不敢確信為真的得救。

他想：「反正我沒有希望得救，倒不如去飽享世間福樂吧。」

家人見這情形，擔憂不已。大妹更立志為兄每日代禱三次。

即便有得救的事，但我絕對不能得到的。

那天是假期，

我進到父親的書房，

在十字架上，耶穌成就了一個救贖工作。

選讀了一張單張，

我的母親同時正為我的緣故，決定閉門不出向神禱告。

為全世界的罪人還清了所有的罪債。

這一句話⋯⋯聖靈光照我心，跪下接受他的救恩，不住讚美主。

聖靈告訴遠方的母親，她的兒子得救了，不需要祈求下去。

媽媽⋯⋯我要告訴妳一件事。

我的愛兒，正因為你的好消息，我已經快樂兩個星期了。

什麼，妹妹告訴了你嗎？她不守諾言。

不，不是人告訴我，乃是神親自的應允。

後來錯打開了妹妹的日記，發現一句話……

立志為哥哥天天禱告，直到他得救為止。

向神的禱告，神的應許。令我深信神是絕對可信的。

德生得救。

1894 年

不再是我，
乃是基督。
因為我們的心和
我們的心，
同證我們是
神的兒女。

與神和好，即
與一切人的關
係也好，德生
將自己的生命
奉獻在神手
中。

不但注意別
人的需要，
更愛上禮
拜，派單張
等。

但時間長久了，
撒旦的攻擊不
止。心靈枯乾、
疲倦，好安逸，
以致不愛讀經禱
告，受試探屢次
失敗。掙扎、自
責，叫德生比從
前更痛苦。

他所願意的善他不能作，他所不願意的倒去作。

屬靈的冷淡，死沉的靈命，叫我覺得比死更慘。

世上再沒有東西能比與神交通更令我滿足。得救的人應為神和人服務，過得勝的生活，與神同行。但我沒有脫離罪的自由，沒有清潔的心和無虧的良心，沒有成聖。我面對神的救恩，神的聖潔，我是何等的不配。

我可以差遣誰呢？誰肯為我們去呢？

主看到的是廣大中國福音的需要，但德生心裏還沒有接受神的呼召，面對沒有力量勝過自己，無法過得勝的生活，德生堅決與神力爭。

只要能打破罪的權勢，拯救我的靈魂生命，我就願放棄一切幸福，受任何苦難，單單跟隨你，接受你的差遣。

我懇切禱告，求神幫助我，釋放我。

你不給我祝福，我就不容你去。

你的禱告已蒙垂聽，條件已被接納了。

你為我到中國去。

我清楚與神立約的一刻，我已被召到中國傳道了。

學醫對到中國後將會有很大幫助，故研究醫學。

還要挑戰難學的中文。

He 的 耶穌 我
他 She
祂 你 Jesus
God CHINA
中國

父母對我要到中國傳道的事，勸我要注意身體和靈性。還勸我禱告等候神。

於是自己開始戶外運動，增強體魄。

十七歲那年的聖誕。

妹妹從學校回家，帶來了一位音樂女教員──斐恩小姐。

令德生一見傾心，斐恩亦對他頗有好感。

德生渴慕到中國
傳道的心令他對
斐小姐的愛處處
掙扎。

十九歲時得
姨母介紹，
來到赫市作
哈迪醫師的
助手。

但斐小姐一
直對德生要
往中國傳道
都不表同
意。

不幸斐小姐
的學校跟赫
爾市得近，
二人見面多
了，感情也
漸濃起來。

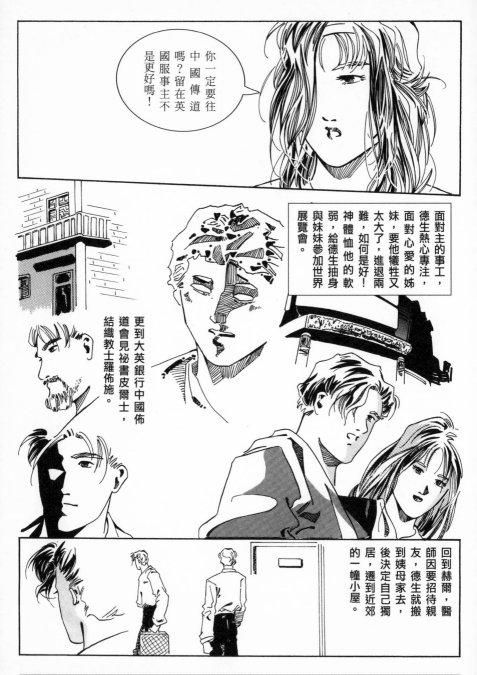

你一定要往中國傳道嗎？留在英國服事主不是更好嗎！

面對主的事工，德生熱心專注，面對心愛的姊妹，要他犧牲又太大了，進退兩難，如何是好！神體恤他的軟弱，給德生抽身與妹妹參加世界展覽會。

更到大英銀行中國佈道會見祕書皮爾士，結織教士羅佈施。

回到赫爾，醫師因要招待親友，德生就搬到姨母家去，後決定自己獨居，遷到近郊的一幢小屋。

四週都住滿了貧民，德生決意在這環境下學習捱苦、節制。

每天只要食大麥片和米飯，將收入三分之二幫助窮人。心中常有喜樂。

撒但不甘德生與主同行……

利用斐小姐向德生作出最後警告……

我心尊主為大，我的靈以神我的救主為樂。

我以認識我主基督耶穌為至寶。我為他已經丟棄萬事，看作糞土，為要得着基督。

德生犧牲了愛人，得着了基督。

一次哈醫師忘記付薪水給他，德生決心不告訴他，只藉着禱告求神使他記得。

心知到中國之後，舉目無親，無人幫助，除了神之外，別無可靠，若信心不夠是不能承擔使命的。

於是立志操練，一切需要不求人幫助，只向神求，求神感動人來助他。

MON
TUE
WED
THU
FAI
SAT

一天一天過去，醫師仍然記不起，袋內只剩下半克勞因，我仍不灰心。（半克勞因等於二先令六便士）

禮拜日晚上，一個窮人請我到他家去，為病重的妻子禱告。

看見這慘不忍睹的情況，我仍為那半克勞因掙扎，假若我有的是一個二先令和六便士一個，我定會給他一個二先令，不願意單靠神將全部擺上。

可惜我只得一個硬幣，不是二先令，六便士，只能供自己明天早上使用，中午已不知怎辦了。我一是很樂意給他一個先令的……

你這假冒為善的人，枉你自稱信靠慈悲的天父，現竟不肯將一塊錢交給他。

一場驚天動地的爭戰，一段連我也不知說了什麼的禱告完了，我的心難過極了。

有求你的，就給他。

先生，若能夠的話，為神的緣故請可憐我們。

這小點的錢也許幫不了你甚麼，但已是我的全部財產。我所說的都是真的，神確是我們的父，我們可以信靠他。

感謝神的恩典，聖靈對我力爭的真理得勝了，我心裏喜樂，讚美不住。

咯咯！

第二天早上，還剩下一碗粥。

二房東給了我一封信，我非常希奇，打開一看——

是一個半鎊英金硬幣（值四個半克勞因）。

感謝主，我真興奮得呆住了，想也想不到竟得到百分之三百的回報。

德生，你的薪水不是又到了期嗎？

我仍感到神要我等候。

神及時的施恩，使我得到很大的喜樂。不過哈醫師仍未記起要付我薪水，不久，我再次陷入當日的處境。

我清楚只要告訴他便會證明我信心不夠。

唉！可惜你不提醒我，我實在太忙了。剛才已把所有錢存進銀行，若我早一點記起，必會付給你。

已……已經過了一些時日。

呀……藥沸了……

啪！

啪！

真是奇怪得很。

哈!剛才一位有錢的病人來付款，奇怪得很。

是了……德生

哈哈哈……德生，把賬簿拿過來吧!

哈哈!

今天是不能收薪水的了。但我仍抱着信靠的心準備回家。

這些鈔票，就給你吧，下星期再把欠你的還清。

多謝你……

哈醫師……

我回到自己的房間滿心讚美主。

1852年9月

德生得到哈醫師的幫助，來到倫敦。

靠着神的恩典，應許。德生在醫學上和生活上均得到神的照顧。一次他解剖一個死於惡性熱病的屍體，不知自己傷了手被毒感染，醫生吩咐他馬上料理後事，但他堅信神交給他的使命還未做到，是絕不會死的。最後得到脫險的德生，更向判斷他必會死的醫生作見證，讚美神為他作了奇妙的事。

經過多次的試煉，德生學到了專靠神的信心。

p.30

特探訪佈道會幹事波德。

恰巧因中國洪秀全的緣故，英國教會大派教士往中國傳福音。德生亦注意到。

若已決意往中國，外科證書亦無大用了，我真誠心告訴你，速速動身。

我極樂意為你向董事會提名，請你多懇切禱告，儘速動身。

往中國旅費每人要六十英鎊，連羅佈施博士亦不例外，若為取得眼科證書而放棄這大好機會，真是不值得呢！

親愛的母親：

我心中的難題隨着波德先生的幫助全都解除了，等到他們答覆，我便可以立刻動身往中國，請多多為我禱告。

願為基督放棄一切。

1853・9・19

德生於利物浦上船往中國。

父母，卜牧師都來為我禱告，送行。

我卻不以性命為念，也不看為寶貴，只要行完我的路程，成就我從主耶穌所領受的職事，證明神恩惠的福音。

至愛的母親，不要哭……我離開你是為光榮的目標，為主耶穌的福音帶給可憐的中國人。

母親的哭聲……像刀一般刺透我，我才明白『神愛世人，甚至將他的獨生子賜給他們。』的痛苦。

p.32

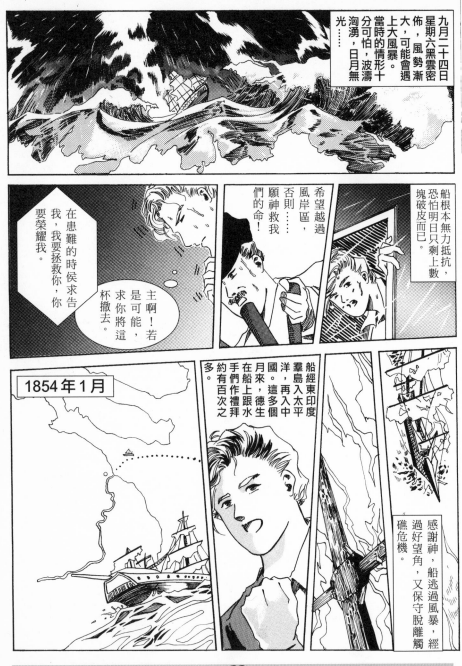

九月二十四日星期六黑雲密佈，風勢漸大，可能會遇上大風暴。當時的情形十分可怕，波濤洶湧，日月無光……

船根本無力抵抗，恐怕明日只剩上數塊破皮而已。

希望越過風岸區，否則……願神救我們的命！

主啊！若是可能，求你將這杯撤去。

在患難的時侯求告我，我要拯救你，你要榮耀我。

船經東印度羣島入太平洋，再入中國，這多個月來，德生在船上跟水手們作禮拜約有百次之多。

感謝神，船逃過風暴，經過好望角，又保守脫離觸礁危機。

1854 年 1 月

1854 · 3 · 15

戴德生步入上海，孤身踏在這廣大的禾場上，無人歡迎，無人理會。

因為你是我的巖石，我的山寨。所以求你為你名的緣故，引導我，指點我。

我心流淚感謝主，救我脫離許多危險，領我終踏於中國的土地上，面對陌生的地方、陌生的人，又與家人相隔千里……

當時我手上有三封介紹信，較寄望首二封信，但介紹的人都不幸去世和離開中國了。只餘下最後一個不太相熟的……我信靠耶和華的引導。

來到地址所寫的麥家園，但碰不上麥博士在家，不知如何是好之際……

幸得到神的安排，德根更帶我結識了樂醫師和聖公會的卜爾頓夫婦。還租借我一間房間。

跟他們一起分享就像是一家人，令我心中的憂愁化為喜樂。

咦！你是英國人！

我叫艾德根。

我叫德生。

Dr. Edkins

一切交託主之後，主便幫助德生於北門找到房屋。雖簡陋陳舊，但總算是自己的地方，滿心感謝。

8月，搬入新屋。9月，德生便開始工作，走讀日學也辦了。一所走讀學員，由徐教員（基督徒）當中任教，設有讀經祈禱。

自己便負責診所工作，每天都有多人來診，第三便是家庭禮拜，參加人數有十數之多。

德生更常與徐教員四處分送福音單張。

走讀日學

診所

禮拜

距離派醫師到上海的日子將近，怎能叫他們住在這種地方。

神就是愛。

正傍徨無助之時，卜爾頓太太去世，卜爾太教士欲將住宅轉讓別人。德生又得神寶貴的幫助，遷去新住處。但……

德生！Very Dirty! 如何叫醫師住下去呢？

What! My God!

1854・12

江蘇

崇明

吳淞

嘉善
・嘉興

松江　黃浦江

德生和艾德根自上海出發，作第一次旅行佈道坐船沿南已行路上曾對和尚傳福音。

福音更吸引不小人特來談道，稱讚真理。

西醫西藥新奇有效，大受人民歡迎。

民眾因未見過西人，蜂擁而上，成了機會作大型佈道。

1855 年初

德生更下小船，買用作佈道之南出發，向東之。

吳淞

・嘉定

・青浦

黃浦江

・嘉興　・川沙

・淞江　・南滙

・秦賢

講道、醫病、送書、施藥。均造成人山人海的局面。

第五次佈道同行者是卜爾頓。結伴來到崇明縣。

縣長更允許二人在崇明傳道。

來到海門，租了一架小車方便運載書籍。

福音必須傳入中國，讓人得知神的恩典。

南通
△狼山
海門
崇明
△虞山
長江

次日船到狼山，二人登山遊覽。川流、廟宇、山峯及村落的編織。寰宇大自然，令人陶醉，心裏感動。像摩西在尼波山上見迦南地，何等遠大和重要。

因南通州有軍人橫惡，僕人要求回去。我們也不勉強，更靠主的恩典，決不放棄深入傳福音。

離城還遠，即被十數人包圍。

用粗野的手段迫送我們往衙門，幾次將我打倒在地上。

我們被拖帶很長的路，來到當地的官府，將名片託差役送到縣長手中。

不久便進去見縣長陳老爺。

第二段 —
禾場上的前鋒
戴德生21 - 23歲

德生、派克、卜爾頓三人計劃到寧波（浙江省）佈道。渡過杭州灣的時候，於船上結識兩位姓大雅（Dyer）的姊妹。

1856・6

吳淞
上海

杭州　雲浦

寧波・

同時派克受聘到寧波開辦醫院，德生深感苦悶。

上海

8月收到倫敦會的信，因新派來的兩個教士需要住處，要德生於9月遷離倫敦會。

p.44

送行途中，遇上一個買屋的人，並交涉成功。主已為他預備房屋。

為日後更易於接近中國人，聯絡感情，決定照中國人的打扮，染黑髮，留長辮（髮未長前，用假髮作辮。）

八月二十三日夜，德生改頭換面，跟中國人一摸一樣。

從此便有很多
不同的生活體
驗，內地的民
眾也較容易接
近，沒有比從
前我穿外國服
裝那樣害怕。

但其他西人則取
笑、批評，產生
很多隔膜，不願
與我有更多接
觸，真難堪。唯
有神豐盛的慈愛
充滿我，僕人受
洗歸主，倫敦好
友柏迦的經常鼓
勵，使我知道神
決不會離棄我。

以馬內利。

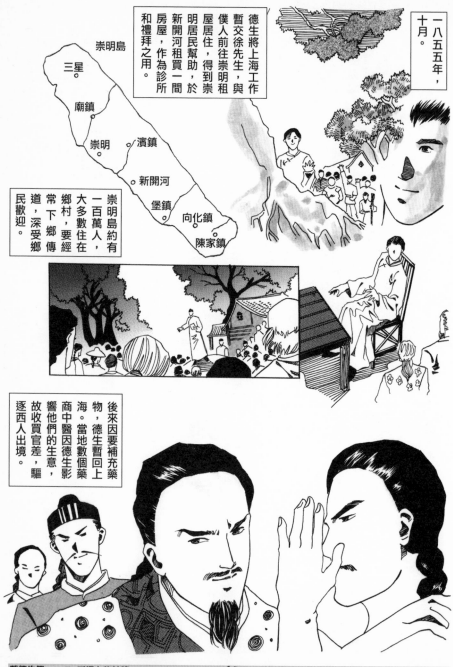

一八五五年，十月。

德生將上海工作暫交徐先生，與僕人前往崇明租屋居住，得到崇明居民幫助，於新開河租買一間房屋，作為診所和禮拜之用。

崇明島

三星

廟鎮

崇明

濱鎮

新開河

堡鎮

向化鎮

陳家鎮

崇明島約有一百萬人，大多數住在鄉村，要經常下鄉傳道，深受鄉民歡迎。

後來因要補充藥物，德生暫回上海。當地數個藥商中醫因德生影響他們的生意，故收買官差，驅逐西人出境。

事情沒有鬧得很大，官差最後勒索失敗，亦不能將德生逐出境。

但十二月德生回上海時，看到一封是領事館寄來的信，內容是指他遍走兩地，違反中英租界條約，有案可查，速向領事館候問。

戴德生，馬上撤出崇明。

由於護照未批許，中英條約權限之內，只有馬上遷出崇明，否則依法處罰。

我心裏憂愁，我不願撇下羣羊逃走，又怕連累同工。

父啊！願你榮耀你的名！

p.48

崇明的工作要結束了，慕道的人都來聚集說聲道別。

我心真是難過……什麼時候才可以跟你天天聚會呢？

我看聖經有很多字看不懂……你離開這裏來，差你到真叫我憂傷……但我感謝神，將我倆都拯救了，還天天賜平安喜樂給我們。

要再來，要再來！

我們忘不了你這位好醫生和你所傳天上的真道啊！

天父已將一切的權柄都交給主耶穌。

如果主要你在崇明傳道，豈不是一件輕而易舉的事？

為什麼要靠政府的力量硬來呢？主的僕人不應該力爭，而是顧意受神的引導。

不靠別人來幫助自己的計劃，只依靠神萬無一失的帶領。完全服從祂的旨意。

德生被英領事館強勒令遷出崇明，心中不服，欲尋公使上訴，可惜公使不在上海，歷尋公使不到，無從下手。

佈道家賓惠廉。

你就是戴德生嗎？

p.50

第三段 —
　　以便以謝，
　　　　耶和華以勒。
戴德生 24 - 28 歲

這位經歷豐富，文雅高尚的僕人，被神重用，成為德生新旅程上的同工。

二人同心協力，於浙江南潯佈道。

學校，

廟宇，

茶館，皆成為講道場所。不久惠廉也改穿中裝，因此深得國人歡迎。

看見中國家庭全體聚集，聽我講說，世人受死興奮投入，令我們不禁流下感恩的眼淚。

自德生與惠廉同工，德生靈命得到大復興。惠廉對神的信靠，對仇敵攻擊時籍神的保守，以祈禱為呼吸，以神的話語為飲食，更令德生感到神的同在。

惠廉靈性的高超，惠廉信仰的堅毅，真是神賜德生的一個奇妙恩惠，這份友誼叫德生比從前更認識自己。

識英雄重英雄，二人攜手合作，向撒旦的領域不斷進攻。藉着元帥耶和華的統領，他們知道必會一得勝有餘。

浙江烏店一羣土棍，向德生勒索，洋十元，，不片一斤，，必如鴉不照辦，，，將船打破。

船夫得知此事，馬上將船搖走。入夜於路旁截着二人，藏於預先安排的小船上。

船在那裏？

外國人呢？

同時五十多個暴徒四處找尋，終無結果。

得到船夫機警拯救，二人在船上過一夜，並聚會禱告，讀詩篇感謝神。

次日德生腳膝腫痛，暴徒仍四出尋找二人，便決定離開烏店，重返上海。

一八五六年二月，於麥博士的聚會中有一位來自汕頭的信主船主——包瓦氏，跟德生分享汕頭黑暗情況。德生心受感動，感到神呼召他去。

幾天的掙扎，仍擺脫不了神的呼召，終請惠廉到我房間，流淚告訴他神呼召自己往汕頭。

因想跟惠廉同工，心中很不願意。估不到惠廉同樣是得到主的呼召，我別往汕頭有點惋惜。現在，我們知道主的心意已高興，往汕頭出發。見包瓦氏，往汕頭出發。

三月，船到汕頭。

得到商人安排，住在一間香燭店的樓上。

當時汕頭輸入鴉片情況嚴重，約有三萬多斤。還有販賣人口往外地如古巴、卡牢，船上苦力未到目的地，已死三分之一，慘無人道。

這些事跟外國人有掛勾，汕頭人都痛恨西人，日子很是難捱。

只有靠着主，不斷禱告和以愛心去改變老百姓。

一次醫治好汕頭的長官，長官熱心助德生開辦醫院。求問主往後，決定由德生往上海取藥。二人不忍久別，望短期內再會。

神的葡萄園很大，不能把最好的園丁聚在一處。握別之後，惠廉被捕，其後於北京、東三省創辦教會。

我們曉得萬事都互相效力，叫愛神的人得益處。

經石門小路及，我斷了小路。往長安城途中，僕人願放棄苦力步行。苦力中僕人為我，先往長安另雇挑夫。安。

德生回到上海才知道海診所被燒毀了。因意外波折，唯有速去寧波。卻遇上克找派去小，波折……

後來我一直到長安黃昏仍不見僕人回來。等到了，我回來。

天將要黑了，我便四處打探消息。一個人告訴我所說的僕人正往海寧去。

我較放心下來，因腳部很痛，便留長安過一夜，明天才上路去。

海寧

到海寧不但打聽不了僕人消息，連很多旅館亦不願接待我，全身累得要死，無奈來到廟前，於石階上竭一竭。

將要熟睡之際，忽然一人走近我，是一個乞丐，他想偷我的錢，我馬上求天父保護。

你要什麼？

我是來保護你的。

我不需要保護，我敬拜真神，祂會保護我。我知道你想怎樣，但決不會讓你成功。

他沒有回答，離開了，我心中感謝。

我將錢收藏衣袋和袖子內，臥石而枕。不久，輕微的腳步聲驚醒了我。

二人又再離開了，片刻竟帶來第三者，看我有沒有熟睡。

不要弄錯！我並沒有睡着！

不要弄錯！我並沒有睡着！

感謝神……

他們沒有罷休。為要振作精神，我大唱讚美詩，出聲禱告。他們不敢來麻煩我，天亮便走了。

決心回長
安，一路上
省察自己，
再細思主的
厚愛，自己
的錯失，求
主饒恕。

石門　海寧
余杭　長安　海鹽
杭州市
︱︱︱︱運河

我感謝神，
才微睡一
會。

海　能　一　船　都　灣　來
。回　助　個　上　不　到　到
　到　，　船　，　得　幾　石
　上　終　主　幸　了　次　門

經調查之後，證
明僕人是有計劃
的偷盜，但考慮
到他得救的問
題，和基督以善
報惡的教訓，決
心寫信給他說我
願意寬恕他，希
望他悔改，並期
望他將行李內的
一些外國書籍還
給我。

八月重返寧波，結識了鍾士和達文。派克為德生預備好用品後，德生急欲回汕頭。

戴先生，有信！

經上海時有兩位教士請他多等幾日，望一同前往，但一等便十月。終會合往汕頭。包瓦氏上船

什麼！惠廉被捕！

一次又一次的阻攔被毀了，李被盜出藥行遇的危險，發的日期，現在連門也關了。誤躭。

終不能回汕頭的德生，由派克安排下於寧波吳家橋居住。（內地會第一個家及傳道所。）

位於附近住的一對姊妹便是昔日於船上曾碰面的兩位姓大雅的姑娘。因兩姊妹跟鍾士是深交，能常與德生碰面，妹妹馬利亞小姐和德生更萌生愛意。

不久，英艦砲轟廣州一帶，引起仇英暴動，才知道神為什麼攔阻德生回汕頭。

廣東　梅林　澄海　汕頭　南澳　潮陽　海門　惠東

居住寧波的廣東人對西人很是惡劣，為暫避風頭，大多數婦女都離開寧波回上海。不過大雅姊姊往，由德生陪長卻留下陪校不捨，使德生有點。

滿以為離開寧波便可以把感情沖淡，結果更朝思暮想，，終被朋友看穿，勸他寫信求婚。

小姐，非常歡喜。收到求婚信的馬利亞速得到同意見女校長聞言大怒。但校長堅決反對二人婚事，並下令回信拒絕。兩姊妹唯有一切交託主。

信回德生手中，是馬利亞小姐的筆跡，看後傷痛欲絕。鍾士也替德生難過，盡力安慰。

時局已漸穩定，德生欲回寧波工作。臨行前決定回佈道會提出辭職。

甚麼都不可虧欠人。（羅十三章八節），我覺得神不是貧窮的神，不是缺少甚麼或不肯供給他兒女所需物品的天父。我認為向人借錢是違背聖經的教訓，像示意神故意收藏好的不給我們，而去靠自己取神所不給我們的東西。神不供給我們需要是表示這工作已不合乎神的旨意。佈道會常向人借貸付薪水實有辱神，良心緣故，我決定辭職。時局已漸穩定，德生欲回寧波工作。臨行前決定回佈道會提出辭職。

鍾士亦隨德生離開。德轉回寧波。再與派克重聚。

雖仍可以見到馬利亞小姐，但常被女端校長攔阻，極言侮辱。

一次祈禱會進行時，忽然下起大雨，成了水漲。

鍾士家僕回報馬利亞還在府中。

鍾士見此良機，急帶德生趕去府中，望能為二人製造機會見面。

經歷重重波折終能面對面傾心吐意,將情話釋放出來。二人藉著禱告,將一切交託給主,生決定寫信給姑娘的監護人,等候回覆,存心順服。

我的心默默無聲,專心等候他;敬畏他的神;一無所缺。

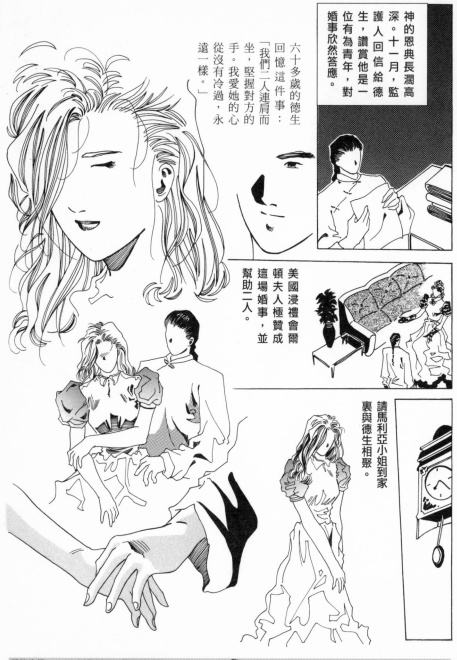

神的恩典長潤高深。十一月，監護人回信給德生，讚賞他是一位有為青年，對婚事欣然答應。

美國浸禮會爾頓夫人極贊成這場婚事，並幫助二人。

請馬利亞小姐到家裏與德生相聚。

六十多歲的德生回憶這件事：「我們二人連肩而坐，堅握對方的手。我愛她的心從沒有冷過，永遠一樣。」

結婚前數日。

你看見我們的生活何等困難，你若想退婚，我是不勉強你的。

神是我們的父親，你忘記了嗎？父親那會丟棄他所愛的兒女呢？難道我們今後不敢再信靠祂。

才德的婦人，誰能得着呢？她的價值遠勝過珍珠。

1858.1.20

在英國領事館舉行婚禮。隨後往西山渡蜜月。

主親自將我們二結合，並在我們身上彰顯祂豐盛的慈愛，叫我們真是快樂極了。

夫婦二人同心協力。

講道、教書、醫病、通信、招待朋友、旅行佈道、探訪隣居等皆親力親為。

不久因窮人不識字的緣故，更創使用了羅馬字教他們讀聖經。連年長的前輩亦能運用。

一八五八年六月二十六日，天津條約。准許外國人在中國內地旅行。

另一位老伯得救後，歡天喜地，勤讀聖經，更常常跟窮苦的老百姓講福音。

當中一個熱愛神的殿的老婆婆，無論天晴天雨，寒冷酷熱，都必攜同小孫來作禮拜，與神相會。

戴夫人病勢危重，各種治療方法用盡亦無效用，德生心急如焚，唯一抓緊神完全仁愛的旨意。

千鈞一髮之際，想起派克，火速去求助。

59.2

在患難的時候，你要呼求我，我要拯救你，你也要榮耀我。

每一步都拼命與神力爭，神的話也帶着能力安慰他。

夫人已經帶着柔和安靜睡過去了，她靠着神，不藥而痊了。

得到派克的意見，再趕回家……

現在更有數個中國人和我們一同擘餅，記念感謝神。

不久，家中的一個僕人清楚得救，受洗歸主。

一八五九年七月三十一日

母親、父親，我心真是高興，可惜你們不在中國。

看不見神奇妙的恩賜，是你們頭一個孫女啊？她名叫恩惠，非常可愛，神對我們大家真好，我們都要高舉祂名。

一八五九年八月，派克夫人急病離世，留下四個兒女。

派克心痛之餘，為小孩的緣故決回蘇格蘭。請德生接管醫院事務。憑着信心，德生夫婦接受這項工作。

天下凡事各有它的十架。

一八六零年夏天

六年的事奉，令到德生積勞成疾，身體殘弱不堪。

大家都認為必須送他回國養病，無奈醫院要暫時停辦，上船重返英國。這也是神旨意之一。

德生回到英國，不忘中國的屬靈事工，體驗到必須建立更好的根基，需要更多人材到中國去工作。故用書信呼籲英國有志之士。

神是拯救中國人的，更已祝福我們工作，可是我們已筋疲力竭，需要人來幫助。

這個極大的禾場上，作工的人既小且弱，願祖國教會明白祂的心意，到中國傳福音。

上一切，神最清楚我們的需要。來吧！來幫助我們，假使我有千鎊英金，中國可以全數支取，假使我有千條生命，決不留一條不給中國。你們願為祂作大事嗎？你們會相信神的信實嗎？

己看完的屬靈書.

第四段 ——

主的愛
是完全的愛。

戴德生 28 - 38 歲

德生除了養病之外，第二便是繼續進修醫學。

於倫敦租屋住了二年直至畢業。又修改寧波話新約聖經，以備出版。

1864・9

蘇格蘭第三次基督教培靈大會，德生力求主席給他登台說話。

他的禱告充滿與神親密的關係，真誠和滿有能力，全場信徒肅靜而聽。

終於他們來起，把彼得救起，可惜已經遲了⋯⋯本來容易救的生命，因着漁夫的狠心，白白失去了。

簡直荒天下之大謬，竟有此麻木不仁的人麼⋯⋯難道身體比靈魂重要？假若我定這些漁民的罪，說他們因為見死不救，犯了殺人的罪。反過來說，我們眼看數千萬人民永遠滅亡而不救，我們怎樣定自己呢？

神說：你們往普天下去，傳福音給萬民聽。人被拉到死地，你要解救。我們作了沒有。

到中國傳福音的路已打開，神已為我們走在前面。你是不是要對神說「不方便」，是因為現在打魚很忙，又買了一塊地，娶了妻，或一切不順服的理由。大家要記着將來要在主前交賬。請為還沒有聽過福音的中國人禱告。

倘若你答：我沒有得到特別的呼召。這話可不對，我現在豈不是把事情擺在你面前，你應自問神有沒有呼召你要留在家。沒有，為什麼你不服從主給你出去的命令。有，那你是否有留下盡自己的責任，作合理的奉獻，為靈魂禱告呢？

默默散會之後，會眾紛紛跑來跟德生談話，保證和他合作，支持他。

眼望遠大的中國地圖，反省過去只顧寧波的需要，沒有想到更多重要的問題。再一次把內地會的經濟，人事的缺乏仰望神。神豈不配我們絕對信靠麼？

六四年十月，德生又再送三位教士往中國，協助寧波差會。

六五年六月......今天是禮拜天，

我帶着疲乏的身驅來探望朋友，並作禮拜，看到這一班信徒的歡喜快樂......又想起中國迫切的需要......

如果神給我們預備工人到中國去傳道，他們都在中國裏餓死的話，也不過是上天堂罷了，但因此有一個中國人藉他們的工作而得救，不是很值得嗎？無論遇到什麼最不幸的結局，還是值得的。

況且，我們順服主，責任在祂，而不是我們，我們是祂的僕人，遵照祂的命令前進，一切的結局都交給祂。

Stott

Stevenson

戴夫人

六五年六月二十七日，德生和皮爾士於倫敦銀行開中華內地會戶口。

答應路易氏編寫的「中國屬靈的需要及要求」一書，四人合力進行得如火如荼。

p.82

當我思想起中國廣大而迫切的需要，回望願為主為中國努力的人，真憂人如焚。有能力地位的人都不肯領導，其他更人微言輕。這真是基督教先知先覺的人的奇恥大辱，也是我們失職之罪。神說：

「你們求，就必得着叫你們的喜樂可以滿足。」

「耶和華的膀臂並非縮短不能拯救，耳朵並非發沉不能聽見。」

我們從神領受重大的責任，亦從神的話語上得到極大的激勵及應許，毫不猶豫地向主呼求，求祂差遣二十四名英國及中國同工，到中國內地還沒有聽見福音的十一個省和內蒙古，樹立基督十架的旗幟。這也許是太冒險了，但可證明神的信實，不論遇上什麼環境，必得到神的救助。

過去的日子，我親身經歷神的拯救及供給，不是寥寥數次，而是在八年光陰裏不斷看見神的愛護，萬無一失。「你們要先求神的國和祂的義，這些東西代表什麼？世界上一切都屬於主。這些東西都要加給你們。」

「祂未嘗留下一樣好處，不給那些行動正直的人。」神的話滿有能力和保證，你若不信神的話，不要到中國去傳福音了。「天上地下所有的權柄，都賜給我了。」現在神呼召我們，為祂的榮耀，為失喪的靈魂，我們會服從祂的命令嗎？縱然有無數的危險，但主是我們的元首，我們可安心跟從祂，願意的話，祂足以供給。用神的方法作神的工，決不缺少神幫助。

五八年天津條約，訂有一條是准許外國人入中國，本來以為要入中國傳道的困難，靠着神已全部開闢了。昔日神都供養三百萬以色列民在曠野四十年。今天的神亦可供養祂兒女的一切。我不敢奢望神送三百萬教士到中國，但神將最軟弱依靠祂。就是最軟弱的僕人，也要得到充足的恩典，叫他可以得勝。『在世上你們有苦難，在我裏面有平安』我們被神拯救的生命，都被神視為比雀、野花及一切貴重，祂必與我們同在。這是我們忠心的時候，為神的義、為神的國，為可憐的人，因那絕對信實的主，我們根本沒理由擔心。『認識你名的人，必信靠你。』『在我打發他去成就的事上必然亨通。』（部分節錄）

此書由柏迦氏負責印刷，分送各地會員，大受歡迎，還須加印。

中國屬靈的需要和要求

他相信神是最有智慧，凡事只有一支細苗，數塊小葉，後來發出枝子，長成大樹。留心栽種者是必須等候短證明。首一個月收到樹有如教會一樣，起頭的缺乏成不了神的阻礙，對於不屬靈的做法必妨礙命，必須生長。

在德生心裏，有一個更大的方向，就是聚集各地各教會人士來參與這偉大的工作，他體會到要得到好的屬靈工人，不是努力勸勉徵求，而是首先懇切求神差派，而是首先召集便是讓他們得到豐富的屬靈生命，為主作工靠著聖靈，和神有更深的交通，加深聖潔，遵行神的命令，仰賴神，榮耀神。

神的祝福。神是必供給我們在祂事工上的需要。神必不說謊。面對二十二位教士的旅費，藉著禱告，神在奉獻記錄簿上應允金額是一百七十鎊，第二個月收到竟是二千鎊，是十一倍。

一八六六年五月，定了蘭茂密友爾帆船，往中國進發。

簡直是愚昧無知，可會餓死的呢！

同行的男女大小共二十二人，這件事引來相當的注意，對於這小信之人的批評，德生不加理會。

船上的職員，水手大多數不信主，但因滿載信徒散發着基督的香氣，服務船員。不久，副船主，練習生均信主得救，連粗野的大副船主也不例外，雖撒但當中大施攻擊，但終歸失敗。經四月四天的航程，安然到達上海。

上海

杭州　　　寧波

浙江

來到上海，住所當是首要問題，又沒有教士公所，怎辦呢？但先有長老會的朋友拿出印刷廠神必預備等人住於上海後到杭州又有美國教德生因要外出，願借給他們居住大屋給他們居住。後更接洽了一間大屋，可供全體人員居住屋。

杭州

深入內地傳福音是德生最注重的事。一星期後，領眾同工四處旅行佈道，開設教會。

杭州教會，診所正式開幕，參加禮拜，看病的人有二百之多。

我不是對你說過，你若信，就必看見神的榮耀麼？
約十一—40

一八六七年八月，戴先生的日記裏充滿了眼淚。

八歲的女兒恩惠，於杭州山上避暑時，患上水腦病……

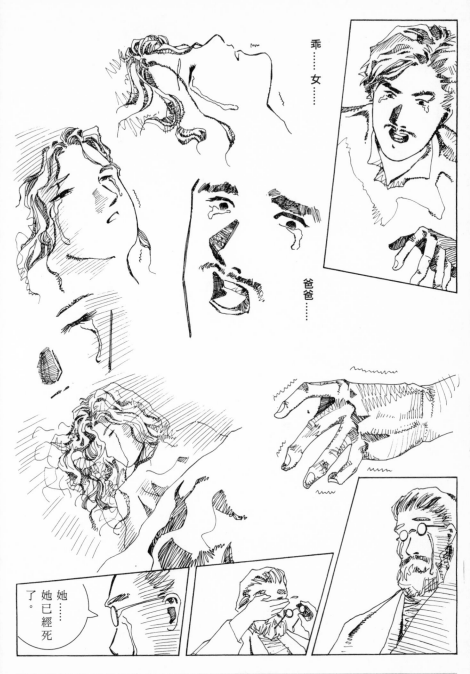

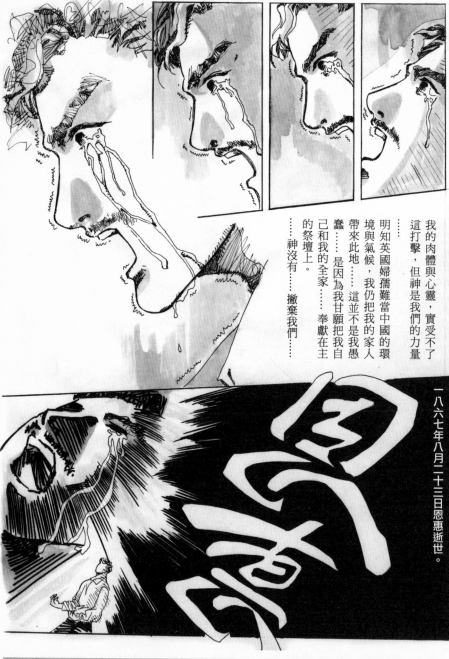

我的肉體與心靈，實受不了這打擊，但神是我們的力量

……明知英國婦孺難當中國的環境與氣候，我仍把我的家人帶來此地……這並不是我愚蠢……是因為我甘願把我自己和我的全家……奉獻在主的祭壇上。

……神沒有……撇棄我們……

一八六七年八月二十三日恩惠逝世。

溫暖，悅耳的聲音，已變得冷清，靜寂。她的歡笑，可愛……是消失了嗎？不，不是消失，感謝神。

將她帶到更聖潔，快樂的主那裏，比這裏好得多，我不願她再回來。

誰摘這朵好花，主人摘的，

……

……

教會遍佈四週，成績卓越，尤以婦女方面見稱。深得中國婦女熱愛，各教會友日增，受洗歸主人數令人吃驚。不過下監，遭毒打，逐出等事隨之發生，最終撒但的攻擊，被神使用作將內地會的工作轉移，向北發展。

嘉善
嘉興
石門
海寧
臨安 杭州 馬鞍 寧波
奉化
建德 紹興
諸葛
蘭溪 峽縣
浙江省
金華 永康
衢縣
黃岩
碧蓮
麗水 永嘉
九龍 溫州

一八六八年夏天，戴氏來到楊州工作，家中小童都患病。不久戴夫人趕至，看護團聚。

楊州

八月發生慘劇，楊州人反對外國人居留。

陷害他們拐帶中國兒童，流氓羣起襲擊眾人……

李德教士眼遭重擊，白女士背臂受傷。

戴夫人從二樓跳下，腿部流血受創，形勢險惡……

暴徒放火燒屋，德生與童氏拼死突圍往衙門求救。

官兵及至將暴徒驅趕。

滿心感謝神，擁抱流淚。

終於唯有離開楊州，暫回鎮江。沒有追討賠償，財物文件亦無損失，實乃主的恩待。

德生！

是誰？

NEW PAPE

上海日報報導此事經過，引起英國領事忿怒，向中國示威交涉。德生心裏難過，他認為應以善報惡，用良善感化別人。恨不能阻止當局追討行動。

撒但令內地會同工對德生產生不滿，反對他的個人作風，影響其同工。

夫婦二人不加申辯，對這種害羣之馬下逐令，另有三個女同工辭職。

對於我們的工作，如果閣下是一對夫婦的話，必須同心同意，合成一對教士。如果你喜歡奢華舒適的生活，請你不要加入……。你們需要樂於與中國人相處，學習語言，常常離家等，若認為犧牲太大，請你不要加入。我們需要足能忍受一切勞苦，挫折，以耶穌、中國、靈魂為第一的人。他們的價值勝過精金。

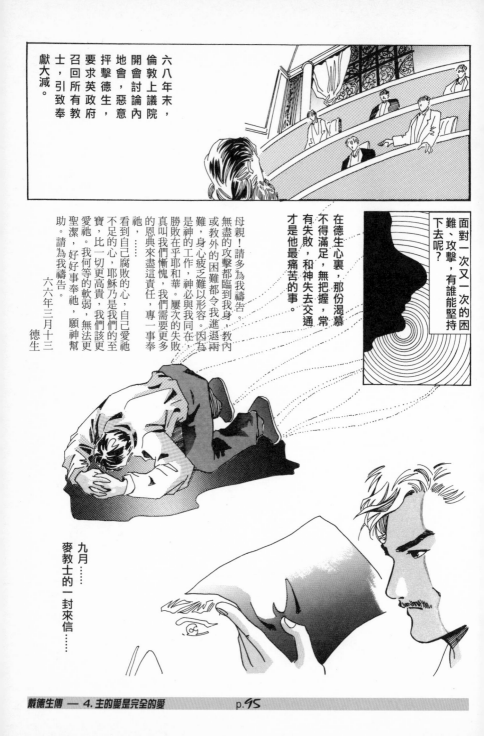

六八年末，倫敦上議院開會討論內地會，惡意抨擊德生，要求英政府召回所有教士，引致奉獻大減。

面對一次又一次的困難、攻擊，有誰能堅持下去呢？

在德生心裏，那份渴慕不得滿足，無把握，常有失敗，和神失去交通，才是他最痛苦的事。

母親！請多為我禱告。無盡的攻擊都臨到我身，教內或教外的困難都令我進退兩難，身心疲乏難以形容。是神的工作，神必與我同在是叫我們慚愧，我們需要更多的恩典來盡這責任，專一事奉祂，……看到自己腐敗的心，自己愛祂不足的心，耶穌乃是我們的至寶，比一切更高貴，我們該更愛祂。我何等的軟弱，無法更聖潔，好好事奉祂，願神幫助。請為我禱告。

六六年三月十三　德生

九月……麥教士的一封來信……

戴先生，對於聖潔的生活，我真要請教你呢？我自覺失敗，往往追求與神有更深的交通，都患得患失，無法享受，努力和渴望不是一種好方法，更令我非常掙扎，它是無法領我到真聖潔。書中看到一段『接受耶穌便是聖潔生活的開端，親近主是聖潔生活的前進，常與祂同在視為事實，是聖潔生活的完成，信心是鐵鍊，使罪人的心與基督聯合，使罪人與救主合一，不健全的信心，只會使人跌倒。』

就是這一句話，我仰望主靠祂的大能，克服自己的敗壞，絲毫不掙扎，進入安息。對於進入成聖的把握，全然思想主耶穌，想祂的生，祂的死，祂的工作，祂在聖經裏的說話，不力求信心的增加，只須仰望至高的主，就足夠了。『凡勞苦擔重擔的人，可以到我這裏來，我就使你們得安息。』十月給妹妹的書信中……

如今，我的勞苦重擔，主為我完全背負了，我現在有極大的快樂，無法形容。

從前我是瞎眼的，如今能看見了。一直為內地會的工作，我感到必須要有更聖潔，更親近神的生活及意志。但工作的繁重，身體的疲勞、天氣、情緒、心思語言令我常不能控制，屢次忘記神，得罪神。每天祈禱、痛悔、禁食、默想都不得力。主的那份聖潔，自己的失敗軟弱，我恨我自己，為何無法擺脫罪，抓到聖潔。我求施恩的主幫助，求祂的保守，但總是有一次失敗，毫無得力的感覺……感謝主，貧窮的我漸明白何解沒法得豐富的主裏得力，是一個【信】字。信就是表示伸出手接受祂的富足。【不信】便是我們常犯的死罪，神會是說謊者嗎？努力是不能得着信心，只有依靠神。

（我們縱然失信，祂仍是可信的。提後二13）主是一棵樹，祂可以供給我們生命的需要，遠超過我們所想的千萬倍。我們是祂的枝子，奉祂的名，遵照聖經的教訓，跟從神的旨意，豈會取不到養份呢？

這是我們向祂所存坦然無懼的心，既然知道祂聽我們一切所求的，就知道我們所求於祂的無不得着。（約壹五14~15【我的恩典夠你用的。（林後十二9）我已經與基督同釘十字架，現在活着的，不再是我，乃是基督在我裏面活着。加二20】

基督為我們受苦，將我們從罪中釋放，將真正的生命賜給我們。每一個神的兒女都可以成為完全人，像挪亞一樣。在基督裏，和罪不能並存，貪愛世界，思慮事物也不是主所要的，脫去這些都是做得到的，基督是力量，可以將我們釋放，更可以令我們背起十字架跟祂。「只要憑着信心，一點不疑惑」（雅一6）人若喝我所賜的水，就永遠不渴。

以主耶穌為樂，才是永久不變的喜樂。那時德生作了一件事，令祝氏感激不已。

一直我的身體都不好，後來戴先生託人買了一匹小馬，他理應會預備給自己騎，我便給他買了騎馬的配件。但他很忙，託我照顧小馬和給馬做運動每天便騎小馬傳福音非常方便。他始終也沒有騎過。他一向都是這樣地裏幫助人是不要人感激他的。

當時五歲的孩子已經患病，也準備出發回國。

夏天將至，恐怕小孩們經不起這氣候，決定將小孩送回國。

孩子病情轉危，於暴風雨的晚上⋯⋯

從揚州起程，渡揚子江的時候，永遠安息⋯⋯

現在……

已有兩個小孩

安然睡在耶穌的懷內，

我不必再掛慮了。……

我感謝神……准許我這極不配的人，在這個偉大的工作上事奉祂，我無悔每一個奉獻，因為我們屬於祂，更應獻給祂。

七月七日，我夫人生下了第五個男孩，正因患病不能撫養嬰孩，要等中國奶媽，可惜來不及……孩子出世一個星期便回天家了。

七月二十三日，夫人病況嚴重，急喚丈夫……

德生……

她面上的蒼白……就像死人的臉色……根本不能否認，她……將要死了。

我的愛妻……你將要回天家了……知道嗎？

天家……你為什麼……這樣想！

愛妻，我看得出你的生命，已不能維持。

不……我不感到……痛苦，只是……疲乏。

很好……要回天家了……你可以與耶穌同在了。

我很憂愁……

能跟主同在，為何憂愁呢？

不……不是這個意思，過去十多年的日子，主時刻愛護我們……我豈不想去見祂呢？但在這個時候……要離開你，你獨飲苦杯……我實在憂愁得很，但神必與你……同在，直到永遠……

七月二十三日早上，戴夫人停止呼吸，離世與主一起，德生跪在她的身旁，為這十多年的恩愛生活為她回到主的面前，交託感謝。

家庭的瓦解，朋友的遠離，責任的沉重，健康的低落，極多的試驗都臨到德生的身上，神能使現在的他心靈不渴嗎？

八月四日的書信中：

祂知道，知道我愛妻子的心，神將她召回確是好的，因為今後我單獨工作、勞碌，更能與神親近，雖然再沒有妻子與我一同禱告，但有主耶穌永活着替我們祈求，祂能帶走我一切的憂傷，將安慰賜給我。

十一月十八日的書中：

多謝你們給我充滿愛心和同情的安慰，肉身上我的妻子是離開了我，但我沒有感到失去她，我倆相愛的心不減分毫。令我更清楚明白神的旨意，更認識那智慧，慈愛的神更深。

「到我這裏來的，必定不餓，信我的，永遠不渴。」神賜下不渴的活泉給我們，不是叫我們只喝一口便足夠，而是要有常喝的習慣，叫信心所見神的話，比真正有形體的更真切。

德生!

哈哈!

再見!

爸爸!

第五段 —
來吧！
弟兄姊妹們。
戴德生39‧61歲

珍妮。

柏迦年紀老邁，準備退休，將內地會英國差會代表之職交與德生。

德生回到英倫，與柏迦重聚。

1872．3

回英時，一位女同工急要回國，得德生幫助。同行途中日久生情，後成為新的戴太太。

Richard Hill

H.Soltan

德生回國後工作繁重，身體虛弱，恐怕堅持不了多久……朋友寫信給他，將葉忒羅給摩西的計策告訴他。（請翻聖經：出埃及記十八17～23）

八月，德生與希爾先生聯合組織的諮議委員會成立，有秘書二人。同期「羔羊與旗學校」的訓練教士班亦開課。方向

就是確定候選人要有愛罪人的心、堅忍、開朗，及工作能力。合格者才可以送往中國。

一八七二年德生再回上海，心知必會產生許多困難。果然，在南京的童氏病逝，祝氏夫婦已回國。各教會冷淡非常，無人監督，甚至公然犯罪。德生謙卑在神面前，知道信徒們缺少應得的牧養，不宜責備，應多加憐恤，將重擔交給神。

秦縣

楊州

儀征

鎮江

江浦　南京　丹陽

江寧　　　　　長江

其後身巡察各教會，教友見到所敬愛的領袖，興奮不已。教會風氣大振。不少賭館和妓寨更改成福音堂，信徒齊集聚會。

戴牧師！

戴牧師！

Hello!

p.108

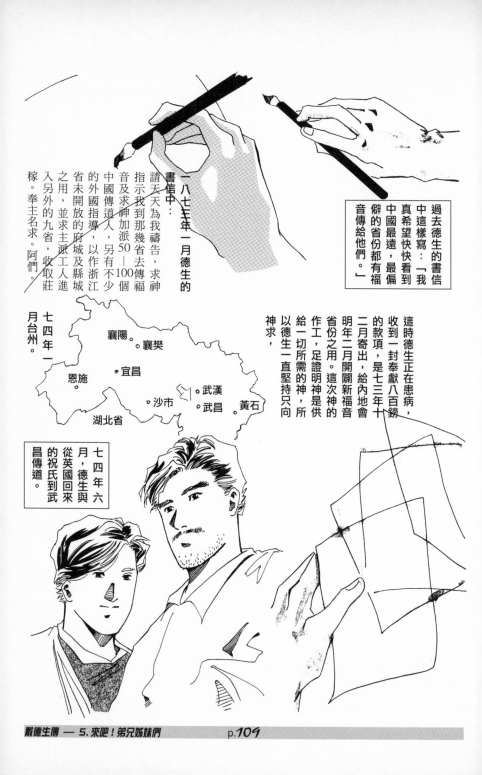

過去德生的書信中這樣寫：「我真希望快看到中國最遠，最偏僻的省份都有福音傳給他們。」

一八七三年一月德生的書信中：

請天父為我禱告，求神指示我到那幾省去傳福音及求神加派50─100個中國傳道人，另有不少的外國指導，以作浙江省未開放的府城及縣城之用，並求主派工人進入另外的九省，收取莊稼。奉主名求。阿們。

七四年一月台州。

襄陽。襄樊

恩施 宜昌

沙市 武漢
武昌 黃石

湖北省

七四年六月，德生與從英國回來的祝氏到武昌傳道。

這時德生正在患病，收到一封奉獻八百鎊的款項，是七三年十二月寄出，給內地會明年二月開關新福音省份之用。這次神的作工，足證明神是供給一切所需的神，所以德生一直堅持只向神求，

呀！

於船艙內不幸
從梯子上滑跌
倒地，扭傷骨
及其足踝，痛
得幾天不能起
牀，

就決定回
英倫去。

但快也要十月才到，患
處發炎，弄致兩小腿暫
時癱瘓，要長期臥牀休
息。照世人眼光來看，
是極苦的事，但德生樂
意接受神的旨意，天天
為中國內地會禱告。

一八七五初，
德生仍在病牀，
寫了一張單張，
是請求同道們，
為中國福音的工作，教士的需
要。每天用一小時向神懇切
祈求。求神派十八個合適的
工人到中國去，為主發光。
更隱名奉獻出四千英鎊給傳
道之用。

七五年四月，德生致信給內地會，
說自己的腳漸漸復元，可以步行。
更因這段療程，細思計畫。對遍傳
福音於中國，指日可待。

有一次，一位俄國貴族請德生乘車同坐，共談福音。

戴先生，讓我給你一點微薄的奉獻，作中國之用吧。

多謝你！

甚麼，你不是要給我五鎊嗎？這是一張五十鎊的鈔票，我還給你換吧。

哈哈……我是看到這張五十英鎊的同工，大為驚訝，因剛才正禱告求神賜四十九鎊十一先令作匯送中國應急之用，現在要改為讚美了。

想給你五鎊的，這定是神工，要給你五十鎊，我定不會收回。

德生的腳傷好了，十八名教士已到中國，款項得神保守，入雲南華西的路打通。這一切的成就證明：「我甚麼時候軟弱，甚麼時候就剛強了。」（林後十二10）

又遇到一個考察人員，提供德生由緬甸入雲南的資料，於是由兩名教士同去，結果成功。

西藏　四川

貴州

雲南　廣西

緬甸　越南

神的工作，在人看來像是不可能，作的時候不容易，但結果是成功了。CHINA'S MILLIONS 一書中

德生說：由蘭茂密友爾號開往中國，到現在已九年了，這歲月給我們這班事奉人員得了不少經驗，不但設立數十個教會，更訓練不少中國傳道人員，這全是神的恩典。

然而我深信，我們可以再進一步，靠主的恩典，沒有一點疑惑。雖然神的工作不易成功，但我們若有完全相信的心，成功必然是一個事實，若只抱着試一試的心態，就是沒有信心的表現。神很清楚告訴我們作、去、求，祂不是說試一試作，試一試去，試就是失敗的起步。

「信靠的人必不着急。」我們的罪及軟弱幾乎都是出於信心的缺乏，如果真的仰望主，那會有不信的呢？願我們有愚昧人的單純，勇敢堅持服從神的命令。

亞伯拉罕相信神，將以撒獻上，以為神會將他死裏復活，摩西相信神，領以色列人過紅海，進曠野。約書亞相信神，領着悖逆的以色列人過約但河，取迦南。

撒但的手段就是叫人懷疑神的話，你誤會了，你的意見太極端，太古板了。」可惡的魔鬼用這些話來阻擋我們一心信靠神，不知有幾多次了。

很多人都注視自己的渺少，面對困難就作一小點嘗試……但失敗了。神的偉大，向來都是軟弱的人，他們能為神作大事，因為一直堅信神的同在。只要抓着神，時刻服事神，必能面對任何困難。

終得到大妹及妹夫願意主持英內地會工作，德生高興之餘，決定馬上再帶八名教士回中國。

但因當時中英局勢惡劣，朋友都勸他暫且留下，靜待時機。

德生沒有聽其意見，定下七六年九月出發。

船還未到上海，李鴻章於煙台與英國駐華大使簽訂條約，准許外國橋民在中國境內任何地方旅行或居住。因着信，看見神的榮耀了。

趁着這個機會，由德生的指揮及協助，熱心的教士深入內地省分，廣傳基督的福音。面對種種困難，在短期內有此成績，令人欽佩。

撒但又豈會輕易放過他們，常造成教士們彼此猜疑，不能合作。德生為此決定召開各聯合大會，退修會，讓弟兄姊妹們聯絡感情，交換意見，大家禁食禱告，求神綑綁撒但，終得到大復興，盡歡而別。

七七年聖誕前，德生第四次回英，與家人團聚，戴氏一家子女七人，其中是一個義女（童氏孤兒）。

愛爾蘭

英國　　倫敦

身處天倫之樂的德生，絕不忘中國屬靈需要，開始計畫再送，24名男教士，6名女教士，到中國去。

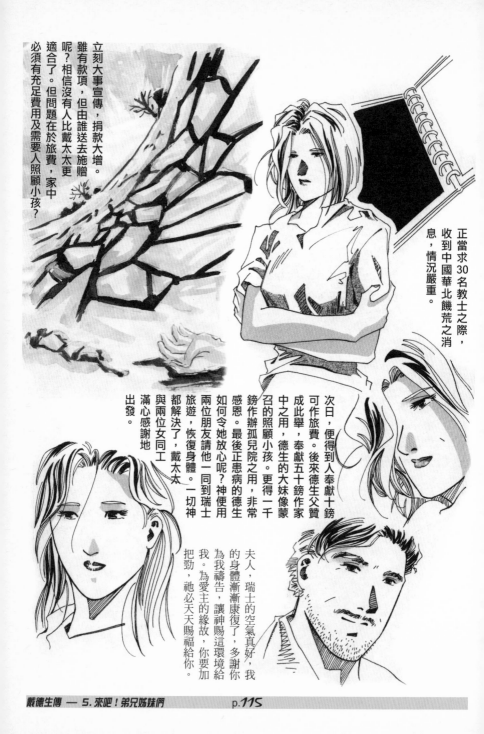

正當求30名教士之際，收到中國華北饑荒之消息，情況嚴重。

雖有款項，但由誰送去施贈呢？相信沒有人比戴太太更適合了。但問題在於旅費，家中必須有充足費用及需要人照顧小孩？立刻大事宣傳，捐款大增。

次日，便得到人奉獻十鎊可作旅費。後來德生父贊成此舉，奉獻五十鎊作家中之用，德生的大妹像豪召的照顧小孩。更得一千鎊作辦孤兒院之用，非常感恩。最後正患病的德生如何令她放心呢？神便用兩位朋友請他一同到瑞士旅遊，恢復身體。一切神都解決了，戴太太與兩位女同工滿心感謝地出發。

夫人，瑞士的空氣真好，我的身體漸漸康復了，多謝你為我禱告，讓神賜這環境給我。為愛主的緣故，你要加把勁，祂必天天賜福給你。

七七年底，所求的三十名教士已有二十八名動身。

七九年春，德生再去中國。

自己所處理的工作又得二人上任會長及總幹事二職，大受安慰。

B. Broomhall

T. Howard

航行到新加坡時，患一場大病，醫生說恐怕性命不保……

山西

上海

萬里長城

身在山西孤兒院的戴太太，蒙聖靈感動，見丈夫有危險，必須趕往上海照顧他，幸孤兒院基礎穩定，便可安心離開山西。

德生逃過一場大病，舊病未消，與夫人到煙台養病。更寫信給在武昌的祝氏，請他一家前來煙台，一同休養。看見祝氏小孩玩樂，滿心高興。

休養期間，想到這片美地，如能建成休養院及學校給同工們養病之用，相當理想。

又得神安排買得一塊便宜的地，決定親身設計監工，建成著名的煙台學校。

兩位教士在陝西途中：我常得老百姓的款待，他們都竭力令我們舒適，慇勤招待，真感謝神。

婦女們的工作有很大的得着，也有不少的犧牲。八一年金太太病逝，留下剛出世的嬰孩。在貴州的花夫人，因孩子去世，不久自己也離世，臨終時說：「我很慚愧，作不了什麼事，我知我去後，必有很多人跟上來。」

德生勸勉女教士們：務要愛護中國婦女，每天用最好的時間與神交通。

中國婦女：你使我們心裏得到溫暖，我們從沒有這感覺，就是在自己娘家也沒有。

八一年，德生與同工定下新的方針。為神作工，和神一同發起，請示祂的計畫，奉獻自己去實行祂的旨意。我們將責任交給神，責任不在我們，因為我們是在服事一位永不失敗的神。

於武昌，德生與同工受感動要求七十個教士來華。同時更為這此教士來華開了一個讚美會。

八一年秋，德生的爸爸和太太的母親相繼離世。十月，戴夫人回英國，寫信給丈夫說：戴老先生於十一月也離世歸主了。

十二月，內地會教士在鎮江為七十個教士祈禱，更要禱告直至得到為止。

我感謝神，父母被召回天家，對他們是有益的，不再有痛苦和憂傷⋯⋯

p.120

不久，德生的大兒子存仁來到中國，得父親熱烈歡迎，他在中國忠心事主六十四年。

八二年，遇上嚴重經費問題。

本希望得到七百至八百鎊，但只有九十六鎊，主啊！求你教愚昧的我如何去善用它。

我們天父的愛是何等的大。我們憑着信心，求祂引導一個有錢的管家，幫助這次的需要，使他和他家人得神記念，叫我們可以看見神的大能，鼓舞信心。

德生將情況告訴同工，同心禱告的結果，得到主家人的幫助，到當地奉獻空前、十一、十二月的經費竟可以應付。

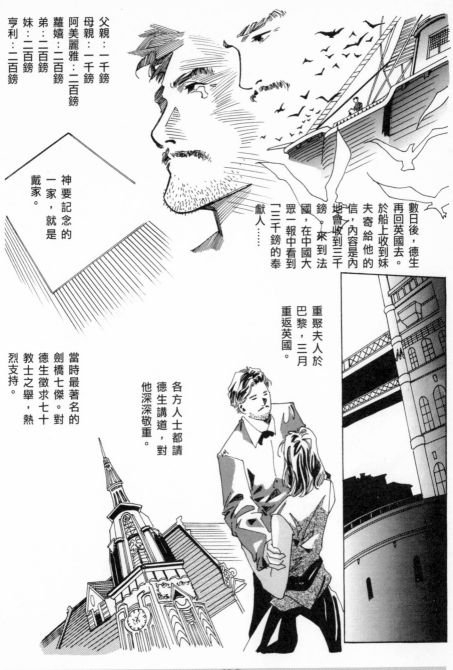

父親：一千鎊
母親：一千鎊
阿美麗雅：二百鎊
蘿嬉：二百鎊
弟：二百鎊
妹：二百鎊
亨利：二百鎊

神要記念的
一家，就是
戴家。

數日後，德生
再回英國去。
於船上收到妹
夫寄給他的
信，內容是內
地會收到三千
鎊。來到法
國，在中國大
眾一報中看到
「三千鎊的奉
獻人……

重聚夫人於
巴黎，三月
重返英國。

各方人士都請
德生講道，對
他深深敬重。

當時最著名的
劍橋七傑。對
德生徵求七十
教士之舉，熱
烈支持。

這班傑出人才的美好見證，感動不少青年來華傳道。八三至八四年的響應情況甚好，奉獻款項也特別多，前後合計傳道教士超過七十人。神的大能真是超乎所求所想的。

施達德　Studd (創立環球教會)
司米德　Stanley Smith
章必成　Montagu Beauchamp
何斯德　D.E. Hoste
凱色　　W.W. Cassels
唐西瑟　Cecil Polhill-Turner
唐亞瑟　Arthur Polhill-Turner

七傑於八五年三月來到中國，忠心事主。

八五年，到華北開會，設立中華聖公會，協助華北發展，再到太原會合席勝魔教士，開會講道。

存仁

席勝魔

教士們多和中國人民接觸，樂意犧牲。醫院學堂是領人歸主的途徑，千萬不要只顧事務而疏忽福音。不要以教育代替屬靈力量，要專一靠主。除福音外其他都是次要，要高舉榮耀的主。

各會議完後，聯同存仁、同工拜訪席牧師的戒煙所。

你不為這些東西可惜嗎？

可惜？我還有耶穌嗎，還不夠嗎？

賣……有飯

感謝神賜給我們飲食。

德生、章必成往漢中途中。

飯食在那裏？

戴先生他無論身在何處，天未亮之前，他都必起身讀經禱告，絕不間斷。

到漢中不久，因上海有緊急會議，速回上海。重聚范約翰，又召集各省主任，共同進修。

上海委員會議……

我們同心禱告，求主在一八八七年派一百教士來華及得到一萬鎊奉獻。我們不能要求比這個更小。

委員都認為這是不可能的事，約翰的理由甚是充足，起初德生也覺懷疑，後來他的信心竟超過約翰，為這一百名教士不斷禱告及計劃。

上海一位教士。

我高興聽聞你正為增加一批新教士禱告，但一年內應不會得到此數，但是比不求此數，總可多得幾個。

我們已為全數教士充滿喜樂，我敢斷言，若神准你健在的話，你也會親身迎接這一批教士來到。

一八八七年末過，收到共十一次奉獻，得一萬一千鎊，奉獻自己的教士有六百名，但只能收取一百零二人。那老教士更親身迎接這批教士之後，便去世了。

八八年德生來到美國紐約，遇上一位非常敬愛他的弟兄──福享利。

回倫敦後得同道邀請到美國講道。福享利、次子存義亦隨同出發。

H.W. Frost

德生先後在美國夏令會，紐約、多倫多和芝加哥講道，信徒反應熱烈。

他的話就像神的直接啟示。

戴先生，看，信徒的奉獻何等熱心，足可供八個教士在中國之用。

感謝主！

戴先生反不高興，像多了一個重擔⋯⋯

親愛的美國朋友：有教士而沒有經費，這個不會使我憂心，因主必預備、負責，但有金錢而沒有教士，那是一件很嚴重的事。倘若你們只送這些金錢而沒有人願出來使用，對我們實不仁愛，錢是有了，但人呢？

極短的時間便有四十多人願往中國去，而那被選上的只有八人，供八人願付一切的費用。結果奉獻還是原封不動。給自己獻的金錢，分別為聖，祝謝的奉獻給耶穌所是用不完的。

德生一生的成功在於謙虛，無論事情大小，不會自負，必多方禱告祈求，靠主得勝。

德生從北美回程，按過去的經驗，深知每次特別成功之後，必有大試煉。果然內地會紛紛傳出死訊，試煉如風湧至。更惡劣的是英國委員會同工反對德生於美國設立分會，經他詳細說明和感化，英同工明白諒解，幸是誤會。

八九年七月，英國格拉斯哥成立了一個諮議輔助會，主要辦理蘇格蘭教士入華事項。倫敦又設立了婦女部，提供女教士訓練輔助。

瑞典

紐約

華盛頓

USA

那時德生正在美國，於十八個地點共講道四十多次。

再到瑞典赴女皇的邀請，讀了列王紀上十章一至十三節經文，（請翻閱聖經）高興而別。

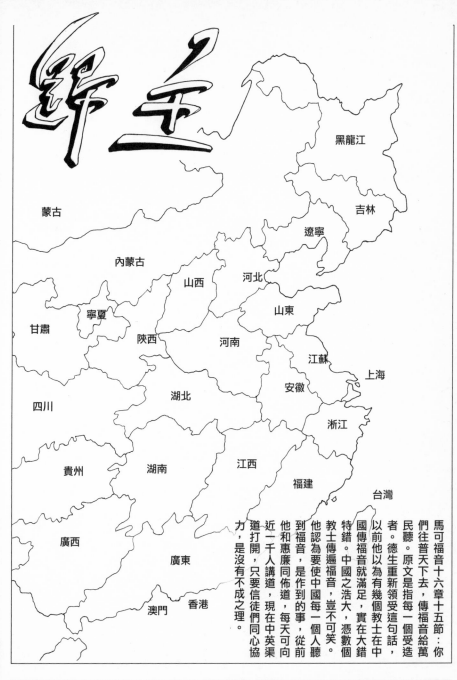

馬可福音十六章十五節：你們往普天下去，傳福音給萬民聽。原文是指每一個受造者。德生重新領受這句話，以前他以為有幾個教士在中國傳福音就滿足，實在大錯特錯。中國之浩大，憑數個教士傳遍福音，豈不可笑。他認為要使中國每一個人聽到福音，是作到的事，從前他和惠廉同佈道，每天可向近一千人講道，現在中英渠道打開，只要信徒們同心協力，是沒有不成之理。

中華

新疆

青海

西藏

雲南

於中國大眾刊登一篇文章…（節錄）聽主道的人有五千，主給他們吃飽了，要留意，主在旁。單是只有門徒，結果主耶穌使大眾吃飽，得到力量。門徒們很易喪膽、灰心，但主與他們同在，教導他們，使用他們，主也不責備，輕視他們。如今，主耶穌坐在父神的右邊，為我們祈求，幫助我們為祂作事，如果我們求主帶領我們，充滿我們，我們大家都同意、樂意服從的話，我們求主帶的中國作工。一切的結果我們不知道，但主知道就夠了，記着不要試一試去服事主，順從主，乃是樂意切實地事奉祂，不用懷疑、理論，祂永不會錯。

我們同心呼求神，向全世界的基督徒請求，於五年內，遣送一千教士到中國來，為這無數未聞福音的中國人，為神旨意的緣故，獻上身心，靠那大能的主，叫我們親眼看到，大功告成。

那時神已在全世界動工。澳洲、歐洲和美洲教會均認為有份於「中國歸主」大運動，聯絡中華內地會，大力推動。

澳洲即設立分會，信徒奉獻熱烈。於德國組織「德華同盟聯合會」，之後又有「瑞華同盟聯合會」。半年間，已有一百三十多名教士來到上海。

他一來澳洲，六十多人獻身傳道，奉獻更是驚人。

諮議員

我們所決定的意見，差不多全是他提供的。

p.132

撒但眼見勢不利，馬上大舉反攻，長江流域發生暴動，毀壞不少差會產業。

面對撒但的大攻擊，便是我們作美好見證的機會，我們都要甘願為主犧牲，忍耐到底。人民見我們平日安然，開口講道誰也做到，現在危險艱苦，必細察我們的行為，看我們是否信靠真神保護，還是依靠軍艦軍隊，這是非常重要的，要為福音受苦，用好榜樣給中國信徒看。

期間亦遇上一個問題，就是英國的經常奉獻逐見減少。德生謙卑自問，在心裏或是工作上有甚麼錯誤，以致阻礙了神的賜福。

另外中華內地會的最終權柄，應給中國還是英國呢？德生跟柏迦，英同工商議，禱告後，決定由中國操權。

各差會務要追求聖靈同在，就算我擴大了組織，得到很多教士的幫助，但沒有了聖靈的充滿，謙卑在主前，是完全沒有用的。求神檢查我們的心，掃除一切不淨之物，使我們能好好被祂所用。軟弱犯罪便當向神認罪，祂必應許寬恕我們，重新奉獻順服，讓祂居住已潔淨的殿，成為我們的主。

第六段 —
那應許我們
的是信實的。
戴德生62 - 73歲

前進運動已在進行中。德生兩次到德國鼓吹，又到英、蘇呼召青年。加上中國內地會史略已經出版，影響甚大。

一八九三年，德生為糾紛的事趕往華北，天氣炎熱，路途艱苦。

經河南省得到教友款待。

存義

媳婦

爸爸，路途艱辛，恐怕你受不了呢？

是的，我們應當為兄弟捨命。

若不是戴老先生，我們便不知道主的愛了。

我常想到我們的老牧師，他的生命何等貴重。我還未老，能活多一二十年，如果我忽然死了，便求神將我的餘年加給老牧師。這事微不足道，只是我在主前一點心意罷了。

六十四歲的德生，心知身體衰弱，注意尋找承繼人才，於各省設立主任，選任人才掌管各部。

之後到過印度，再回上海，將主任交給顧牧師代理。再回英國旅行佈道，因健康不好，與柏迦到法國休養半月。

再到德國得到貴族夫人之請，開茶會一聚。當時德國牧師對內地會的制度懷疑，態度不太友善。

戴先生，近來內地會接納德國幾位很有才幹的青年，他們怎能和美、歐的教士同工呢？

最重要的不是來自不同國家不同差會，而是大家都在基督裏合而為一。我認為救人的工作勝過神學的派別。

主所揀選器皿，無論大小，在祂手裏也能榮耀祂的名。我自信心甚弱，天性不才，但慈悲的主幫助我，教我們任何事來求告祂，安息在祂裏面。

聽說你從不找人捐款，但得到的捐款很多，但我們主張訓練信徒有系統的捐獻。

各人的領受都不同，我無意勸人效法我的方法，因為神的恩待，接納我的禱告和工作方式。你訓練信徒作系統的奉獻，實在很好。

在這人的面前，我們都自覺慚愧！

德國之行完了，德生回到英倫忙碌不斷。這時內地會出現經費問題，德生迫切禱告，莫牧師捐出一萬鎊供內地會行政費，之後更收到莫牧師去世奉獻十萬鎊，德生驚訝不已，知道有經費而沒有教士不能救到靈魂。馬是上求神賜恩給工人，賜他們有愛有力。

一八九八年，我已十次來華。在我心裏，求神幫助中國信徒的屬靈充滿，促使他們的生命聖潔，被主所用。當日一千教士來華，撒但大舉反攻，教會遭到大迫害，這不是叫我們退縮，而是教我們無論何事，靠主堅持下去。

德生藉着通信會議多計畫，成就許多計畫，又跟信徒作個別談話。

這次來華，我的身體常常生病，這也叫我看見、知道神，我，祂的工作一樣進行不變。祂給我更多的時間跟同工商量、禱告，為將來多結果子。

p.140

1900 年

導致八國聯軍攻攻陷京津，焚毀圓明園。一九零一年辛丑條約，向列國賠款四億五千萬兩。

慈禧太后將光緒帝軟禁瀛台，聯合義和團仇外運動內地會殉難教士五十八名，還有二十一個小孩。

德生聞此信徒被慘
殺消息，心膽俱
裂，痛心如刀割一
樣。脈搏每分鐘從
八十降至四十下。
內地會雖慘遭殘害
死傷，卻無一點怨
言。英國外交部，
北京英使館深表佩
服。

德生身居瑞
士，渴想中
國。一九零
一九零二年也
沒有來到中
國，於英國
主要休養，
勤讀聖經。

一九零二年
末，向諮議
會辭去主任
職位，由何
斯德繼任。

一九零三年。發現戴太太身上有瘤，經癌症權威凱立醫師診症之後，證明不是毒瘤，但病很深，開刀危險。夫婦聲言不用動手術，欣渡餘年。

戴太太直到離世前數日，都不斷寫信勸勉親友、同工。她最後所作就是奉獻一百鎊給內地會，感謝天父恩典。

臨終時她很痛苦……

沒有……痛
苦……沒
有……

德生、次子存義和媳婦，於四月十七日再到上海。

1905年

到步後重聚教友，數日後到教士公墓。心知與天家再會之期不遠，充滿平安。

到陳州時，信徒舉起德生旗，信徒歡迎一行。德生碰上太康信德生生行一日，是布徒送上一幅綢作為禮物，上寫「心悦誠服」。

心悦誠服

內地恩人

以弗所書三章十至十三節。

神以教會為計畫的中心，藉着她成就祂的目的，每個教士都他的份兒，以祂的名義作工，教會元首是基督，基督是我們的一切。

我們生在世上，徒受主莫大的恩待，永生的福榮，我們千萬要知道生命意義的目的，體會領人同往的喜愛，享受與人享福音的滿足。看，我們是多麼的蒙福，有主成為我們的磐石，成為我們的避難所和隨時的幫助，我們不要作永遠的嬰孩，而是成為主的精兵，去一無悔一生。

昔日「中華歸主」的呼聲，是給外國教士的一段話，現在這話也要落在你們中國人身上，為別人靈魂，深信全能的神，實行神的命令，甘願捨己，就像主捨己給世人，他必得着榮耀冠冕。

中外的朋友接
踵而至，歡送
戴先生。大家
都知道，不久
之後，他要歡
迎我們。

德生的遺囑說必
須將他與夫人合
葬，葬於鎮江揚
子江邊。

那時，義人在父的
國裏，要發出光
來，像太陽一樣。

戴德生傳完。

編繪者感言

　　回想起接洽了漫畫戴德生傳的那天，直到親手完成的一日，沒有神的恩待帶領，相信只憑我的手，絕無可能令大家從漫畫中重溫戴先生的風采及寶貴。這極微小的事奉，加上我這極不配的人，也得到神多方的開路，從而再一次證實神莫大的恩典，眷顧我們眾聖徒的任何一件事，感謝神。

　　在此多謝書樓的錯愛重視。多謝閱讀本書的你能忍耐本人的漫畫直到最後，更花時間一看這無關重要的文章，真衷心多謝。多謝當中教會的弟兄姊妹，花上時間協助這次的工作，尤其是遠方教會的肢體。大家都花上精神為此書禱告支持，更花上金錢去購買……實感激不盡。

　　再一次感謝神，選用我這軟弱的人，本身自己並不是一位漫畫家，也無資格去勝任，軟弱失敗也算是數一數二的，今有份於主的事奉上，真慚愧自己的不足。求神使用祂僕人美好的見證，成為祂兒女們的激勵和幫助，願簡單的漫畫能被神使用成為了一點一點的信息。

　　我們要讚美神，因為神配得讚美。

協力鳴謝： 莊重興　楊妙貞
　　　　　　李德華　李詩薹
　　　　　　張寶珠
特別鳴謝： 梁嘉汶
　　　　　　梁婉馨